BARREAU DE LYON

LE CODE CIVIL

ET LES AUTEURS DRAMATIQUES

CONTEMPORAINS

DISCOURS

PRONONCÉ PAR Mᵉ LÉON FRÉROT

A la rentrée de la Conférence des Avocats stagiaires

Dans sa Séance du 10 Décembre 1888

LYON

IMPRIMERIE MOUGIN-RUSAND

3, rue Stella, 3

1889

LE CODE CIVIL

ET LES

AUTEURS DRAMATIQUES

CONTEMPORAINS

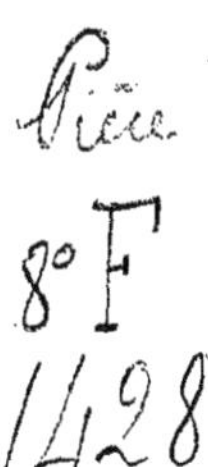

LE CODE CIVIL

ET LES

AUTEURS DRAMATIQUES

CONTEMPORAINS

DISCOURS

PRONONCÉ PAR Mᶜ LÉON FRÉROT

A la rentrée de la Conférence des Avocats stagiaires

Dans sa Séance du 10 Décembre 1888

LYON

IMPRIMERIE MOUGIN-RUSAND

3, rue Stella, 3

1889

LE CODE CIVIL

ET LES

AUTEURS DRAMATIQUES

CONTEMPORAINS

Discours prononcé par Mᵉ Léon FRÉROT

A la rentrée de la Conférence des Avocats stagiaires

Dans sa Séance du 10 Décembre 1888

Monsieur le Batonnier,

Messieurs et Chers Confrères,

C'est un bien grand honneur que celui d'être désigné par vos bienveillants suffrages pour prononcer le discours de rentrée de la Conférence, honneur dont, croyez-le, je sens profondément le prix ; mais c'est aussi, permettez-moi d'en faire l'aveu, une bien lourde et bien périlleuse charge. Cette manière de débuter n'est pas nouvelle, je le sais. Ce que je dis là, Messieurs, beaucoup de Stagiaires l'ont dit avant moi, et un plus grand nombre encore le répétera dans l'avenir : car, chaque année, cela devient de plus en plus vrai. Ici, comme partout d'ailleurs, l'épine est terriblement près de la rose ; et quelle épine que le choix du sujet, que le soin de trouver, après tant d'autres, une matière digne d'inaugurer la reprise des travaux de la Conférence, susceptible de retenir pendant quelques instants votre attention, sans compter le souci de la traiter convenablement !

Vous parler de notre Ordre, le prendre à une des grandes
époques de notre histoire et étudier son rôle à ce moment-
là, j'y ai songé tout d'abord ; mais il m'a suffi de consulter
les discours prononcés par mes confrères, orateurs des
années précédentes, pour m'assurer que tout avait été dit
là-dessus et que je venais incontestablement trop tard. L'un
d'entre eux (1), dans un opuscule d'une remarquable érudition, a suivi ses évolutions à travers les temps confus du
moyen âge. Un autre (2) nous l'a montré résistant aux tour-
mentes de la Révolution française. Enfin, plus récemment,
un de nos confrères (3), dans des pages toutes vibrantes
d'enthousiasme, a célébré les maîtres du Barreau contemporain. On peut dire, sans crainte d'être taxé d'exagération,
que l'histoire de notre Ordre a été faite à la Conférence des
Avocats stagiaires.

Devais-je entreprendre l'étude d'une de nos institutions ?
Il faut, pour accomplir semblable tâche, une bien grande
maturité d'esprit. J'ai également songé à tracer devant vous
le portrait d'un homme et à juger sa vie publique. Il y a
encore, je le sais, pas mal d'avocats à tel ou tel présidial,
pas mal de conseillers à tel ou tel parlement qui ont illustré
leur siècle par l'éclat de leurs talents ou de leurs vertus et
dont l'éloge est à faire. Mais je vous avoue, Messieurs, que
je ne me suis senti ni assez de vaillance au cœur pour exhu-
mer leurs œuvres de la poussière où elles sommeillent, ni
un souffle suffisamment puissant pour animer leur antique
physionomie d'une vie nouvelle.

Voilà bien des précautions oratoires. Ce n'est assurément
pas là ce qui s'appelle entrer franchement et de plain-pied

---

(1) Pélagaud, *les Avocats au moyen âge.*
(2) Crétinon, *le Barreau et la Révolution.*
(3) Huguet, *la Plaidoirie contemporaine.*

dans sa matière. Quand l'orateur, auquel on a laissé toute liberté pour le choix du sujet, hésite de la sorte à le faire connaître, c'est qu'apparemment il craint que ce choix ne rencontre chez ses auditeurs un peu favorable accueil. Je vous l'avoue en toute sincérité, Messieurs, j'éprouve une appréhension de ce genre. Habitués comme vous l'êtes à entendre à cette place mes devanciers parler sur des questions toujours graves et sérieuses, vous allez peut-être trouver quelque peu léger et frivole l'ordre d'idées que je vais traiter devant vous. Laissez-moi donc vous dire, en peu de mots, les motifs qui m'ont décidé à l'aborder.

S'il est un genre qui, à l'époque où nous vivons, affirme hautement sa puissance, c'est assurément le théâtre. On peut déplorer un pareil despotisme, on peut tonner contre la tyrannie que le théâtre exerce sur nous, comme certain critique contemporain d'humeur chagrine et peu moderne (1) ; mais il est impossible de la mettre en doute. Le théâtre a une influence extraordinairement plus grande que le livre : c'est qu'il déploie pour nous attirer de bien autres séductions. Certains auteurs dramatiques ont admirablement compris le parti qu'ils pouvaient tirer de cette situation. Ils se sont dit qu'ayant à leur disposition de semblables ressources ils ne sauraient se contenter d'être de simples amuseurs : ils ont voulu être aussi des éducateurs, et ils ont fait du théâtre une tribune et une chaire. L'un d'entre eux travaille, depuis tantôt vingt ans, à réformer la société; à chaque instant il prend à partie le législateur et lui dit dit carrément son fait. J'entends répéter de toutes parts que certaines œuvres dramatiques ont plus contribué à la récente réinscription dans nos Codes de telle institution relative aux droits de famille, que les lumineuses dis-

------

(1) Barbey d'Aurevilly, *le Théâtre contemporain*, préface 1887.

cussions de nos législateurs et même que l'ardente campagne menée par un de nos spirituels sénateurs. Il faut donc le reconnaître, nos auteurs dramatiques rivalisent, en matière législative, de zèle et de dévorante activité avec nos mandataires. Quelle est la portée d'un pareil mouvement ? J'ai pensé qu'une rapide et même très incomplète incursion à travers le théâtre, à ce point de vue tout spécial, ne serait pas sans offrir quelque intérêt. Et j'ai choisi pour sujet de mon discours de rentrée : le Code civil et les Auteurs dramatiques contemporains.

Une pareille matière ne peut être traitée convenablement qu'autant qu'on la circonscrit dans certaines limites. Je me bornerai à étudier ici la partie sérieuse de notre littérature dramatique. C'est vous dire que ce travail portera seulement, sauf quelques légères exceptions, sur les œuvres de Dumas, d'Augier, de Sardou.

Je le divise en deux parties. Dans la première, j'envisage le théâtre en tant qu'il s'occupe des droits relatifs au patrimoine. Dans la seconde, je l'examine au point de vue des droits de la famille. Cette seconde partie sera, s'il m'est permis de l'ajouter, la moins ennuyeuse de mon discours.

Quiconque suit avec quelque attention le mouvement dramatique contemporain ne peut s'empêcher d'être frappé de la place immense qu'occupe dans la comédie actuelle la question d'argent. Il y est, à tout instant, fait allusion aux relations pécuniaires entre les personnes. Dans beaucoup d'œuvres dramatiques, l'homme d'affaires, notaire, avocat, avoué, suivant les cas, est l'un des principaux acteurs. Quelquefois il constitue le type essentiel de la pièce ; c'est sur lui que l'attention se concentre ; l'auteur, en écrivant son drame, l'a pris pour objet d'analyse et d'étude ; et alors les autres personnages gravitent autour de lui comme les satellites autour de l'astre principal. C'est, par exemple, Maître

Guérin d'Emile Augier. Mais, ordinairement, son rôle est infiniment plus modeste : c'est un conseiller de la famille ; l'auteur l'a introduit dans sa pièce pour mettre le spectateur au courant des relations juridiques existantes entre les principaux personnages. Un cas épineux se présente-t-il, vite il apparaît sur la scène, et, généralement, son Code à la main, trouve avec une science et une dextérité merveilleuses, la solution que commandent les principes. C'est Aristide Fressard dans le *Fils naturel*, c'est Galanson dans *la Princesse Georges*, c'est l'avoué Richard dans *la Princesse de Bagdad*.

Le contrat qui joue le premier rôle dans le théâtre contemporain est assurément le contrat de mariage. C'est que dans toute comédie un mariage a lieu ou a eu lieu. Si c'est dans le feu de l'action que se contractent les justes noces, l'auteur ne manque presque jamais de nous avertir que le notaire passe par là; il nous fait connaître les apports du futur et de la future, les conventions matrimoniales qui vont régir ces apports. Si le mariage a déjà eu lieu quand la toile se lève, il ne se passe guère de temps avant que nous sachions sous quel régime sont mariés les époux.

Voilà donc un fait qu'il n'est guère possible de mettre en doute : l'importance énorme qu'ont prise au théâtre les questions relatives au patrimoine et les diverses évolutions dont ce patrimoine est susceptible. Quand Dumas fils et Augier font une comédie, ils y mettent des gens qui savent parfaitement ce que c'est que l'argent, qui sont pénétrés de l'idée qu'avec lui on peut faire beaucoup de belles et bonnes choses, et qui déploient une grande énergie pour défendre celui qu'ils ont dûment ou indûment acquis. Ces gens-là, j'entends les personnages des comédies de Dumas et d'Augier, envisagent l'amour comme une condition essentielle du bonheur dans le mariage ; ils ne se marieraient certainement pas sans connaître et aimer celle qu'ils vont avoir

pour compagne pendant toute la durée de leur existence ;
mais ils considèrent comme non moins essentielle une conversation succincte avec le notaire de la famille. Si de cette
conversation il ressort que leur future épouse n'a guère en
partage que les richesses du cœur et de l'intelligence, ils
savent au besoin faire le sacrifice de leur amour ; et si on
leur fait observer que leur fortune personnelle suffit pour
assurer la sécurité matérielle de la famille, qu'il est d'ailleurs
excellent, au point de vue économique, que l'argent circule
et passe de mains en mains, ils répondent qu'une aussi pro-
fonde inégalité blesserait la délicatesse de la femme, qu'il
naîtrait de cette situation des heurts, des froissements, des
conflits qui mineraient sourdement la paix conjugale et
finiraient par compromettre irrémédiablement le bonheur
du ménage. Ce n'est pas ainsi que pensent, je le veux bien,
les Montaiglin, les Gérard et les Nanjac, mais les autres, le
menu fretin, ceux qui appartiennent à la moyenne de l'humanité, ne raisonnent pas autrement. L'américain Clarkson,
dans l'*Etrangère* (1), pose au duc de Septmonts la question
suivante : « Mais, puisque vous étiez ruiné, comment avez-
« vous pu faire pour rendre ce capital et ces gros intérêts ? »
—« Je me suis marié, dit Septmonts.— « Ah ! c'est vrai ! » re-
prend Clarkson, « vous avez encore le mariage d'argent,
« vous autres Français ! » On se repent bien souvent d'avoir
épousé une fille sans dot. Durieu, dans la *Question d'argent* (2),
parle de sa femme à son neveu dans les termes suivants :
« Ta tante n'a pas eu de dot, comme madame de Charzay.
« Je l'ai donc épousée pour elle seule. C'est une bêtise que
« j'ai faite. » Je pourrais multiplier les exemples.

Il ne faudrait pas croire, Messieurs, que cette irruption

---

(1) Acte V, scène VI.
(2) Acte II, scène III.

des questions d'argent dans la comédie soit bien ancienne, et plus spécialement que le théâtre ait entrevu depuis bien longtemps l'importance sociale du contrat de mariage. C'est Scribe qui, le premier, suivant M. Alexandre Dumas fils, se rendit compte de cette importance. « Jusqu'à l'avènement de « Scribe, » dit-il dans la préface du *Père prodigue,* « l'amour « et le mariage avec la femme aimée avaient été la récom- « pense finale du héros de la comédie. Le poète représen- « tait cette femme aussi belle, aussi chaste, aussi passion- « née, en un mot aussi intéressante que possible. M. Scribe « crut devoir ajouter à toutes ces qualités un appât de pre- « mière classe pour lui, le trois pour cent. Pas de bonheur « probable dans le mariage qui couronne tout, si la jeune « fille n'apporte pas une grosse dot au jeune homme. »

Si maintenant nous nous demandons pourquoi les ques- tions relatives au patrimoine ont pris une si grande place dans la comédie actuelle, la réponse nous paraît bien simple. Le théâtre, après tout, est le reflet de la Société existante. Je veux bien que le Misanthrope et le Tartufe soient des types de tous les temps et de tous les pays. Mais enfin, sans parler des détails de la vie matérielle, on pourrait trouver dans ces deux comédies de Molière la preuve qu'elles ont été écrites au XVIIe siècle. Or, notre siècle est le siècle de l'argent; c'est le grand moteur et le grand maître. Ce que l'on regarde avant tout dans le mariage, c'est le contrat. On pourrait, retournant le vieil axiome : *Pacta matrimonii va- lent si nuptiæ sequuntur,* dire, en le modifiant un peu : *Nuptiæ sequuntur si pacta matrimonii valuerint.* Dans une des pièces les plus faibles d'Alexandre Dumas fils, *la Question d'argent,* Jean Giraud, le type du parvenu et de l'enrichi, exprime en termes énergiques et crus cette vérité devenue banale(1) : « L'argent est l'argent, dit-il, quelles que

---

(1) Acte I, scène IV.

« soient les mains où il se trouve. C'est la seule puissance
« que l'on ne discute jamais. On discute la vertu, la beauté,
« le courage, on ne discute jamais l'argent. Pourquoi ces
« boutiques, ces vaisseaux, ces chemins de fer, ces usines,
« ces théâtres, ces musées, ces procès entre frères et
« sœurs, entre fils et pères, ces découvertes, ces divisions,
« ces assassinats ? Pour quelques pièces plus ou moins
« nombreuses de ce métal blanc ou jaune qu'on appelle
« l'argent ou l'or. Aujourd'hui, un homme ne doit plus avoir
« qu'un but, c'est de devenir riche ». Et son interlocuteur,
le banquier Durieu, répond : « C'est très vrai ! tout ce qu'il
« vient de dire là. Le fils d'un jardinier ! C'est étonnant, il
« voit notre siècle tel qu'il est. »

Je laisse, Messieurs, aux pessimistes le soin de se lamenter
sur ce despotisme de l'argent et sur la triste époque où nous
vivons. Je laisse aux optimistes le soin de leur répondre (1)
que « si l'argent fait faire des infamies, il fait faire aussi de
grandes et belles choses, qu'il est semblable à la parole
humaine, qui est un mal chez les uns, un bien chez les
autres, suivant l'usage qu'on en fait ; » qu'au demeurant il
ne faut pas voir notre siècle sous des couleurs trop sombres,
et qu'il y a dans le cœur des hommes du XIX⁰ siècle autant
de dévoûment désintéressé et de nobles passions que dans
celui de leurs ancêtres. J'ai voulu simplement vous montrer
que l'importance incontestable qu'a pris l'argent de nos
jours est la principale cause de l'introduction au théâtre
des choses du monde juridique.

Cette raison sert assurément, mais ne suffit pas à expliquer pourquoi les questions d'intérêt sont si rarement agi-
tées dans les comédies du XVII° et du XVIII° siècle. Je veux
bien admettre que les fortunes, immobilières surtout, ne

---

(1) M. de Cayolle, dans *la Question d'argent*. Acte I, scène IV.

circulaient pas avec la même rapidité que de nos jours. Mais,
enfin, il n'en est pas moins vrai qu'il y avait alors des suc-
cessions, des ventes, des contrats de mariage. C'est là un
problème, dont la solution exigerait une autre compétence
que la mienne. Je crois cependant que certaines considération peuvent contribuer à l'éclaircir. D'abord on regardait
les questions d'argent comme choses viles et peu dignes
d'être mises sur la scène. En outre, les représentants de la
classe noble, qui sont, sauf de rares exceptions, les seuls
personnages de la comédie classique, confiaient encore plus
que de nos jours, leurs intérêts à des hommes d'affaires,
tabellions, procureurs ou même avocats. Or, c'étaient là des
gens de trop mince envergure pour qu'ils pussent figurer
sur le théâtre d'alors. Nous pouvons nous consoler, Messieurs, ils ont bien pris leur revanche.

Abstraction faite des allusions passagères ou accidentelles
aux questions d'intérêt qui pullulent dans le théâtre actuel,
il y a quelques comédies qui roulent tout entières sur des
problèmes de droit. Je ne parle en ce moment, bien entendu,
que du droit relatif au patrimoine. Que les Augier et les
Dumas empruntent au Code civil la donnée fondamentale de
leurs œuvres, nous ne le trouvons pas mauvais. Pourvu
qu'ils tirent de là de quoi nous émouvoir, pourvu qu'ils
nous tiennent suspendus et haletants d'un bout à l'autre de
la pièce ; pourvu, en un mot, qu'ils fassent une comédie
conforme aux bonnes traditions de l'art dramatique, nous
nous déclarons absolument satisfaits et nous applaudissons
des deux mains à leur tentative. Mais la première condition
d'une œuvre semblable, car avant tout nous aimons la vérité
et la précision, c'est qu'elle repose sur une donnée exacte.

Malheureusement, ce n'est pas ce qui advient la plupart
du temps. Je ne sais pas avec quelles lunettes de myope ou
de presbyte nos auteurs dramatiques lisent le Code, quand

ils veulent y trouver de quoi bâtir une comédie. Peut-être même ne prennent-ils pas seulement la peine de le lire à cette occasion. Le fait est qu'il n'est pas une seule pièce de ce genre qui ne contienne une grosse bévue juridique.

Il faut dire aussi qu'on ne s'improvise pas jurisconsulte du jour au lendemain. Mes confrères du stage sont là pour témoigner avec moi que trois années même de pérégrination à travers notre législation civile ne suffisent pas à en sonder tous les mystères. Notre Code ne se livre pas au premier venu : il exige, pour être bien compris, une fréquentation sérieuse et assidue. Dieu sait combien sont nombreuses les erreurs que nous, jeunes avocats, nous commettons tous les jours ! Qu'y a-t-il donc d'étonnant à ce qu'un profane, pénétrant imprudemment dans le labyrinthe, sans être au préalable muni du moindre fil conducteur, s'égare et soit impitoyablement dévoré par le Minotaure !

Je vais prendre, Messieurs, quelques comédies, les plus saillantes d'entre celles dont nous parlons en ce moment, et vous prouver, en les analysant très brièvement, la vérité de ce que j'avance.

Vous vous rappelez, Messieurs, le sujet de *Mademoiselle de la Seiglière*, cette comédie déjà ancienne, dont le personnage principal, le marquis de la Seiglière, a un peu vieilli, mais qui n'en est pas moins encore verte et ingambe. Le château de la Seiglière, un des plus anciens du Poitou, confisqué par la Révolution française, a été acquis à titre de bien national par l'ancien fermier du châtelain, Thomas Stamply, père d'un fils soldat. En 1815, les Seiglière reviennent en France, et Stamply, à la nouvelle que son fils est mort à l'armée, fait donation au marquis du château de ses ancêtres. Un pareil acte de générosité ne peut rester sans récompense. Dans les commencements, on choie le donateur, on le gâte comme un enfant. Mais la reconnaissance pèse vite ; il meurt peu de temps après, délaissé et abandonné.

Il y a près de deux ans que ces événements ont eu lieu, quand la pièce commence. Les Seiglière sont alors au comble de la prospérité. Le marquis se sent plus jeune que jamais et ne songe qu'à occire cerfs et perdreaux. Mlle de la Seiglière est sur le point d'épouser un jeune hobereau des environs, le baron de Vaubert. Ces gens-là sont trop heureux pour que cela dure : la mauvaise fortune va venir.

Elle ne se fait pas attendre : le trouble-fête apparaît sous les traits d'un jeune homme qui ressemble singulièrement à l'ancien fermier, Thomas Stamply. Il demande à parler au marquis de la Seiglière. Le marquis est à la chasse ; il sera incessamment de retour. Le jeune homme, en attendant, se promène dans le parc du château ; là, il fait la rencontre d'un autre visiteur, M. Destournelles, avocat à la Cour royale, la fleur du Barreau de Poitiers (1), le d'Aguesseau poitevin (2).

C'est ici (3) qu'a lieu la scène capitale au point de vue que nous examinons en ce moment. Le jeune homme, appelons-le tout de suite Bernard Stamply, qui n'ignore aucun des détails relatifs à la mort de son père, apprend à son interlocuteur qu'il cherche à se venger du marquis de la Seiglière. Destournelles est enchanté de la coïncidence, car lui aussi a eu maille à partir avec le marquis. Ils en viennent à parler de la donation faite par le fermier à son ancien maître. — Vous êtes avocat, dit Bernard à Destournelles. — J'ai blanchi dans l'étude des lois, répond celui-ci. — N'y a-t-il donc pas un moyen de faire tomber la donation ? — Un seul, dit Des-

---

(1) Acte I. scène V.
(2) Acte I, scène VI.
(3) Acte I, scène VI.

tournelles, pourrait se présenter avec un droit de revendication : c'est son fils. Malheureusement, il est mort. — Ainsi Bernard Stamply pourrait réclamer une partie de l'héritage de son père? — Une partie ! c'est parbleu ! bien le tout qu'il pourrait réclamer. — Vous en êtes sûr? — Très sûr. — Vous en répondriez? — Sur ma tête.

Si Maître Destournelles, une fois dans son cabinet, avait eu l'idée d'ouvrir le Code à l'article 960, il se serait aperçu avec effroi que sa tête était bien compromise ; car cet article s'exprime ainsi : « Toute donation faite par des personnes qui n'avaient point d'enfants ou de descendants actuellement vivants dans le temps de la donation, est révoquée par la survenance d'un enfant légitime du donateur ». Or Bernard Stamply était vivant au moment de la donation : la donation n'était donc pas révocable pour le tout, mais simplement réductible à la quotité disponible.

Vous vous rappelez, Messieurs, comment se termine la pièce. Bernard, guidé par Destournelles, prend d'abord la position d'un adversaire ; un exploit est même lancé contre le marquis. Mais l'amour vient tout arranger : Mlle de la Seiglière est une angélique créature, douée de toutes les perfections, qui seule a entouré de soins pieux et touchants la vieillesse du père Stamply. Bernard prend feu à son contact et demande sa main à son père, qui l'accorde sans se faire prier, trop heureux de pouvoir finir ses jours dans le domaine de ses ancêtres. Détail qui a son importance : Destournelles est nommé conseiller à la Cour royale de Poitiers.

Une des plus fortes comédies d'Emile Augier, *Maître Guérin*, roule tout entière sur une question de droit. Cette pièce est une preuve vivante que les drames de l'argent peuvent donner lieu à des combinaisons dramatiques extrêmement puissantes. Desroncerets, un pauvre homme de génie, épris de chimères, la tête bourrée d'inventions fort belles sur le pa-

pier, mais n'aboutissant à aucun résultat pratique ; sa fille,
l'ange gardien de son père, qui l'a déjà sauvé une fois de la
ruine, en prenant en mains l'administration de sa fortune ;
Maître Guérin, l'homme d'argent, dépourvu de conscience et
de tout noble sentiment, qui a vu là une mine à exploiter et
qui l'exploite brutalement, sans se soucier des douleurs et
des larmes qu'il laisse derrière lui ; sa femme, pauvre créature qu'il rudoie et écrase ; son fils enfin, soldat d'honneur,
homme loyal, qui arrache la famille Desroncerets à la misère
où vont les précipiter les odieuses machinations de son père:
voilà, en deux mots, le sujet de *Maître Guérin*.

Ce que je veux étudier ici, c'est la combinaison qu'a ima-
ginée Maître Guérin pour ruiner sa victime. Desroncerets est
encore propriétaire du château de Valtaneuse qui vaut à
peu près deux cent cinquante mille francs. Il a besoin d'argent pour tenter de nouvelles expériences. Guérin lui per-
suade de vendre le château à réméré au nommé Brénu,
moyennant cent mille francs ; le réméré devra être exercé
au bout d'un an. Mais ce marché a l'apparence d'un contrat
pignoratif, et, à ce titre, peut être suspect ; car le contrat
pignoratif déguise souvent un prêt usuraire. Pour lui enlever
cette apparence, Guérin fait signer à Desroncerets un bail,
qui le constitue locataire du château pour un an, au prix de
cent mille francs ; et il antidate le bail : la vente est du
17 septembre, le bail est du 2.

Bien entendu, Guérin a pour but de s'approprier le château de Valtaneuse, mais comment cela? L'explication nous
est fournie par Guérin lui-même (1) : « Brénu n'est pas mon
« homme de paille, dit-il, parce qu'on ne tient ces gens-là
« que par des contre-lettres, et qu'un notaire, qui se pré-
« vaudrait d'une contre-lettre dans une opération usuraire

---

(1) Acte V, scène II.

2

« comme la vente de Valtaneuse, serait cassé par la Chambre
« dans les vingt-quatre heures... J'ai prêté de l'argent à
« Brénu qui m'a donné en nantissement le marché Desron-
« cerets. Or, Brénu ne sera pas en mesure de me rembour-
« ser, et par conséquent le gage me restera. »

D'abord, on ne voit pas bien la convention qui est inter-
venue entre Brénu et Guérin. Ce dernier nous parle de nantissement; or, le nantissement d'un immeuble, c'est l'antichrèse. L'antichrésiste a la jouissance de l'immeuble et le
droit de rétention. Mais il ne peut être question d'antichrèse,
puisque comme nous l'avons vu plus haut, Desroncerets est
locataire de l'immeuble et par conséquent en a la jouissance. Il s'agit probablement d'une hypothèque.

Qu'il s'agisse d'antichrèse ou d'hypothèque, Guérin a tort
de dire que, si Brénu ne peut pas le rembourser, le gage
lui restera. Dans le premier cas, le seul droit de Guérin
consiste à retenir l'immeuble jusqu'au paiement intégral de
la dette. Dans le second cas, il peut seulement faire vendre
l'immeuble et se payer par préférence sur le prix; toute
clause contraire est nulle. Si donc Guérin a cru trouver un
moyen sûr de s'approprier à vil prix le château de Valtaneuse, il s'est trompé, et M. Augier avec lui.

De tous les auteurs dramatiques, celui chez lequel les
questions d'intérêt tiennent la plus large place, est incontestablement M. Alexandre Dumas fils. Il n'est pas une de ses
comédies qui ne contienne quelque allusion plus ou moins
voilée à l'une de nos institutions juridiques. La plupart de
ses personnages ont lu le Code, en possèdent une petite édi-
tion de poche, qu'ils ne manquent jamais de tirer au moment psychologique. Tout le monde chez lui sait le droit et
en parle, jusqu'aux jouvenceaux et aux jouvencelles (1). Et

---

(1) Voyez par exemple Mathilde Durieu dans *la Question d'Argent*,
acte IV, scène I.

tout cela, remarquez-le bien, à grand renfort de citations
d'articles, de termes techniques et barbares qui donnent, le
mot n'est pas de moi (1), une vague odeur de papier timbré
à certaines pages de son théâtre.

Quand ils voient l'insistance que met M. Alexandre Dumas
fils à nous ramener sur le terrain du Code civil, son assu-
rance, son imperturbable aplomb, l'apparente précision de
son langage lorsqu'il nous parle de droit, les profanes ne
mettent pas en doute la science juridique de l'auteur du
Demi-Monde. Ils cherchaient un auteur dramatique et ils
trouvent un jurisconsulte, quelle agréable découverte !

Un auteur récent (2) a voulu savoir si la réputation de
M. Alexandre Dumas fils, à ce point de vue, était absolument
méritée, s'il n'était pas quelque peu imprudent d'étudier les
principes de notre Code dans son théâtre, si, en un mot, il
n'avait que les apparences d'un jurisconsulte. Il a épluché,
avec une patience de Bénédictin, ses nombreuses comédies,
y relevant au fur et à mesure les moindres emprunts, je
dirai plus, les moindres allusions à notre législation civile.
Son enquête, extrêmement consciencieuse, une fois ter-
minée, il a conclu (3) et sa conclusion a été sévère. Pour lui,
« Alexandre Dumas fils n'a du jurisconsulte que les dehors.
« Il a rarement emprunté au Code, sans en dénaturer sciem-
« ment ou inconsciemment les dispositions ; il a commis les
« erreurs les plus graves, volontaires ou non. L'abondance
« des termes techniques, la couche épaisse de vernis juri-
« dique qui colore son œuvre dramatique ne dissimulent
« pas l'insuffisance réelle de ses connaissances en droit. »

---

(1) Il est de M. Moreau dans l'ouvrage cité plus bas.

(2) M. Félix Moreau, agrégé à la Faculté de droit d'Aix. *Le Code
civil et le Théâtre contemporain :* M. Alexandre Dumas fils.

(3) Page 290.

Je n'entreprendrai pas, Messieurs, de vous exposer ces erreurs. Je vous renvoie pour cela au livre dont je viens de parler, en vous recommandant spécialement l'étude de la procuration donnée par Jean de Hun à sa femme, dans la *Princesse de Bagdad* (1), l'une des plus jolies inventions juridiques de M. Dumas. Après cela, vous serez, je pense, suffisamment édifiés.

Je suis arrivé, Messieurs, à la seconde partie de mon dis-cours, celle que je vous annonçais au début comme devant être la plus intéressante de cette bien incomplète étude. Je vais envisager la comédie actuelle, en tant qu'elle s'occupe du droit de la famille. C'est à peu près tout le théâtre con-temporain. Les relations entre mari et femme, entre parents et enfants, légitimes ou naturels, voilà sans contredit la mine la plus exploitée par nos auteurs dramatiques.

Pourquoi cela ?

Certes, Messieurs, pour résoudre avec autorité semblable problème, il faudrait un esprit autrement sagace et expéri-menté que le mien. C'est pourquoi je réclame toute votre indulgence pour les quelques réflexions que je vais vous soumettre à ce sujet, réflexions que m'ont suggérées le peu de notions dramatiques que j'ai acquises.

On dit souvent : la comédie de caractère est finie ; elle est épuisée ; elle a donné tout ce qu'elle pouvait donner. Il n'est plus possible à l'heure actuelle de trouver un caractère assez nettement tranché, se détachant assez vigoureusement sur le fonds commun, assez riche en un mot, pour qu'on puisse le pressurer et en faire jaillir la matière de quatre ou cinq actes. Trop de puissantes mains ont saisi et fait évoluer sur la scène notre pauvre humanité pour que d'autres viennent s'y risquer. Allez donc toucher à l'*Avare,* au *Mi-*

---

(1) Page 210.

santhrope, à l'*Hypocrite* quand Molière a passé par là !
Essayez de dépeindre le *Menteur* après Corneille ! Et leurs
successeurs, Regnard, Destouches ont tracé du *Joueur*, du
Distrait, de l'*Irrésolu*, de l'*Inconstant*, pour ne prendre que
leurs principales pièces, de trop brillantes esquisses pour
qu'il y ait à y revenir.

Il y a dans ces assertions quelque chose de vrai. Je ne
crois cependant pas, Messieurs, qu'elles soient absolument
exactes. Les sociétés marchent, elles changent, elles se
transforment ; et de ces changements, de ces transforma-
tions, il surgit des types nouveaux assez fortement accusés
pour qu'ils puissent servir d'objet à de puissantes études
dramatiques. Je n'en veux prendre pour exemple que cette
figure de Giboyer, si vivante, si attachante, si jeune encore
et qui le sera longtemps, je crois. Ces évolutions des sociétés ont encore un autre effet : c'est de modeler à nouveau le
masque de l'humanité et de modifier complètement les vieux
types classiques. Le père Grandet de Balzac ressemble-t-il
à Harpagon ? Et le joueur de Regnard ressemble-t-il au
joueur de nos jours ? Ce Valère, bon garçon en somme,
honnête homme au fond, balloté pendant cinq actes entre
son amour et son goût du jeu, oubliant Angélique, s'il
gagne, revenant à Angélique, s'il perd, a-t-il rien de commun avec celui de nos jours, cette espèce de spectre secoué
par une horrible fièvre, oubliant tout pour sa passion, honneur, famille, patrie, et finissant souvent par la misère et
le suicide !

D'autres raisons plus sérieuses peuvent aider à expliquer
la fréquence, dans le théâtre contemporain, des pièces relatives au droit de famille. Une des lois les plus essentielles du
théâtre, car je crois, Messieurs, qu'il y a encore et qu'il y
aura toujours des traditions d'art dramatique, est la loi des
oppositions et des contrastes. La société de l'ancien régime

était composée de classes séparées les unes des autres par un abîme : c'était là, pour les auteurs dramatiques, une source inépuisable de puissantes antithèses. Mais dans un milieu démocratique comme le nôtre, de pareilles oppositions n'existent plus. Les vrais contrastes, je ne dis pas les seuls, sont, à l'heure qu'il est, le vice et la vertu, le désordre et la régularité, le conflit des passions. De là naissent des situations que le législateur a prévues : dissensions entre époux, adultère, naissances d'enfants en dehors du mariage. Ces situations, les auteurs dramatiques contemporains les ont mises à tout instant sur la scène; et, voilà précisément où apparaît la différence entre le théâtre du xviie siècle et le nôtre, tandis que le premier ne se préoccupait que fort peu de la façon dont la loi les avait réglementées, le second les a envisagées au point de vue légal.

C'est qu'au xixe siècle, les profanes, ceux qui n'appartiennent pas à la catégorie des juristes de profession, et les auteurs dramatiques sont du nombre, connaissent le droit bien mieux qu'ils ne le connaissaient autrefois : ils en ont tout au moins des clartés. La loi est une : elle n'est plus composée d'une multitude de coutumes dispersées sur toute la surface de la France. Elle est formulée dans un livre, le Code, dont la lecture, tout en n'étant pas souverainement attrayante, l'est cependant plus que celle des coutumes et ordonnances d'alors. On a fait, d'ailleurs, à l'usage du vulgaire, des gens du monde que l'aspect rébarbatif du Code effraie un peu, de petits manuels de droit usuel, à reliure engageante. Enfin, quand une loi nouvelle est discutée par nos législateurs, la presse, surtout quand cette loi touche au droit de la famille, s'en occupe et la répand à travers le public.

Mais nos auteurs dramatiques n'ont pas voulu seulement se servir de la loi pour les besoins du métier ; ils ne se sont

pas contentés de faire jouer à telle ou telle solution légale, à
tel ou tel article du Code, le rôle du *deus ex machina* antique. Ils se sont considérés comme investis d'une fonction
plus noble et plus élevée, celle d'éducateurs du genre humain. Tant qu'il ne s'agissait que de questions relatives au
patrimoine, ils n'ont pas entrepris de discuter : ils ont laissé
aux jurisconsultes le soin de ferrailler là-dessus. Mais, en
face de la partie du droit qui touche à la famille, leur attitude est devenue tout autre. Certains d'entre eux ont cru
de leur devoir d'éclairer la société, de lui dire si la solution
donnée sur certains points par le Code était bien la vraie, si
le législateur ne s'était pas, dans sa haute sagesse, trompé
quelquefois.

Quel scandale c'eût été dans la noble société du xviie,
siècle, quels cris auraient poussé les bons gentilshommes
d'alors, si quelque faiseur de pièces, comme on les appe-
lait, s'était avisé de toucher d'une main sacrilège à l'arche
sainte de la loi ! Aujourd'hui, semblable tentative ne sou-
lève plus la moindre protestation. Cette loi, nous le savons,
a été faite par des hommes comme nous, que nous avons
chargés de ce soins ; mais nous n'avons pas abdiqué le
droit de les éclairer de nos lumières, de leur donner de
temps à autre quelques conseils salutaires sur la façon dont
ils doivent accomplir leur tâche. Souvent d'ailleurs, notre
conviction intime, quand nous les avons nommés, était que
nous serions, tout aussi bien qu'eux, capables de travailler
pour le compte de la nation : des raisons d'ordre varié nous
ont empêchés de briguer le suffrage de nos concitoyens. Tous
les jours nous discutons ou entendons discuter la loi dans
la presse ou à la tribune ; c'est pourquoi nous ne trouvons
rien d'étonnant à ce qu'on vienne traiter sur la scène des
thèses législatives.

Beaucoup d'entre nos auteurs dramatiques ont donc pris

le théâtre comme trépied pour lancer au public leurs idées
sur telle ou telle question sociale : mais ils n'ont pas renoncé
pour cela au droit de se servir de lui comme s'en servaient
leurs devanciers du XVIIᵉ siècle, pour faire tout simplement
rire ou pleurer. M. Alexandre Dumas fils pense autrement.
Pour lui les auteurs dramatiques ont mission de donner au
public un enseignement (1). C'est un ordre qu'ils ont reçu de
leur conscience (2); s'ils usent du théâtre dans un autre but,
ils agissent mal et méritent tous les anathèmes. Constatant
que ses rivaux en la matière ne sont pas toujours là-dessus du
même avis que lui, il le déplore amèrement. « Comment, » dit-
il (3), « nous, possesseurs de la scène, nous sommes devenus
« une des forces les plus incontestables, la plus incontestée
« si nous le voulons ; et nous n'avons pas l'air de nous en
« apercevoir! nous sommes plus puissants que la guerre...
« plus puissants que la politique... plus puissants que la
« presse... plus puissants même que l'éloquence, car notre
« corps n'est pas obligé de se transporter là où nous vou-
« lons parler ; nous nous distribuons à l'infini et nous avons
« sous nos doigts tout le clavier humain, depuis le rire le
« plus insensé jusqu'aux larmes le plus amères. »

M. Dumas a mis ses théories en pratique : il n'est pas une
de ses pièces qui ne contienne un enseignement, qui ne soit
le développement d'une thèse. Le spectateur qui assiste à
ses comédies ne peut pas dire comme je ne sais plus quel
mathématicien après la représentation d'une tragédie :
« Qu'est ce que cela prouve ? » Toutes prouvent ou veulent prouver quelque chose.

Je verrai tout à l'heure, Messieurs, ce qu'il faut penser

---

(1) Préface de *Une Visite de Noces.*
(2) Préface de *la Femme de Claude.*
(3) Préface de *la Femme de Claude.*

des prétentions des auteurs dramatiques à cet endroit; je me demanderai si le *Fils naturel*, par exemple, et *Monsieur Alphonse*, peuvent être considérés comme des arguments ou au moins comme des documents d'une certaine valeur dans la question de la recherche de la paternité. Pour l'instant, je voudrais vous montrer en deux mots comment il se peut que M. Dumas, en faisant du théâtre une tribune, en y prêchant sans relâche et sans trève, c'est-à-dire en battant en brèche la vieille doctrine de l'art pour l'art, si chère aux théoriciens, soit parvenu à produire des œuvres qui le mettent au premier rang des auteurs dramatiques contemporains.

Le milieu du xviiiᵉ siècle a vu, lui aussi, l'éclosion d'un théâtre-tribune, mais ce théâtre traitait des questions d'un tout autre genre. Dans les pièces de cette époque étaient agités les grands principes de la liberté politique ou religieuse. Quand ces principes étaient violés par l'un des pouvoirs constitués, Voltaire ou un autre prenait la plume et écrivait une tragédie qui n'était du commencement à la fin qu'un véhément appel à l'opinion publique. Je vous laisse à penser, Messieurs, ce que devaient être de semblables pièces. Les personnages n'étaient que les porte-voix des encyclopédistes, développant en vers, et quels vers! les théories que ceux-ci exposaient en prose. Ces œuvres-là expliquent les objections qui ont été faites au théâtre-tribune par ceux qui s'occupent de littérature dramatique, l'insistance avec laquelle ils soutiennent que le théâtre doit simplement songer à émouvoir et non à enseigner. Mais quand ce sont des questions sociales relatives à la famille qui sont portées sur la scène, le point de vue change absolument. Regardez M. Alexandre Dumas fils, puisque nous parlons de lui en ce moment. Lui émeut et enseigne à la fois. Chez lui la thèse sort de la pièce même. Voici la loi, dit-il, voici un article du Code qui décide telle chose : en face de cette loi, en face de cet article du Code, je mets des hommes avec les mêmes passions que vous. Ces hommes vont se débattre dans la situation qui leur est créée par la loi; leurs passions vont se heurter, s'entre-choquer pendant quatre ou cinq actes pour aboutir au dénouement. Une loi qui produit de tels effets est-elle bonne, est-elle juste? Concluez et jugez. Je songe en ce moment, Messieurs, à *la Princesse Georges*, au *Fils naturel*, à *Monsieur Alphonse* que j'analyserai tout à l'heure. Une fille a été séduite : elle a eu un enfant, et malgré ce lien son séducteur l'a abandonnée. Elle n'a à se reprocher dans son existence que ce moment d'oubli ; depuis lors sa vie a été un modèle de vertu et de dévouement. Un jour elle trouve un honnête homme qui veut l'épouser; elle lui raconte tout : elle n'est pas de celles qu'on épouse. Ils pleurent ensemble sur la faute commise; cette faute est-elle à jamais lavée ? S'il épouse cette femme, cet homme est-il une dupe ou un héros? C'est un héros, répond M. Dumas. Voilà comment la thèse jaillit de *Denise*, une de ses dernières productions.

Quand on voit, Messieurs, les auteurs dramatiques se servir ainsi du théâtre-tribune, on ne peut que les en féliciter et applaudir à leurs efforts. Mais ces marques d'approbation ne leur suffisent pas. Qu'ils fassent des pièces fortes, bien charpentées, irréprochables au point de vue du métier, excitant l'admiration des critiques, cela leur importe certainement, mais pas beaucoup. Ce qu'ils voudraient, c'est que leurs comédies soient considérées par ceux qui s'occupent de morale sociale et de législation comme des documents sérieux. Examinons si à ce point de vue il est possible de leur donner satisfaction.

Les deux questions du droit de famille sur lesquelles le théâtre contemporain a le plus insisté sont la question des relations que le mariage fait naître entre les époux, et celle des enfants naturels. C'est autour de ces deux points que viendront se grouper les développements qui constitueront la dernière partie de mon discours.

Des obligations que le mariage engendre entre les conjoints, la plus féconde sans contredit en combinaisons dramatiques est l'obligation de fidélité. L'adultère de l'homme ou celui de la femme, voilà le pivot autour duquel se meuvent une bonne partie des pièces actuelles. La violation du devoir de fidélité entraîne, d'après la loi, certaines conséquences. Le législateur a-t il vu juste en cette matière ? S'est-il trompé ? M. Dumas est le seul des auteurs dramatiques qui ait envisagé la solution légale au point de vue critique : elle est bien loin de le satisfaire.

Vous n'ignorez pas, Messieurs, que M. Dumas ne s'est pas contenté d'écrire des pièces. Il a fait pour la plupart d'entre elles des préfaces qui sont, tantôt la justification de ses comédies, tantôt — et ceci prouve qu'il sent bien que la forme dramatique ne peut servir de base à une bien solide argumentation — la discussion des questions que ces comédies soulèvent. Ses préfaces ne valent pas ses pièces, à beaucoup près : la dialectique en est très faible, elles sont remplies de divagations physiologiques et religieuses, et le style en est ordinairement prétentieux ct boursoufflé. Elles contiennent cependant de fort belles pages où l'auteur atteint à la véritable éloquence.

Celles de la préface de la *Dame aux Camélias* où il entreprend de démontrer la monstruosité de l'adultère féminin sont précisément du nombre. S'adressant à la femme adultère, il lui montre qu'aucune excuse ne vient atténuer son crime. Elle avait juré fidélité à son époux, librement, sciemment, sans y être contrainte par personne ; car aujourd'hui les parents ne peuvent forcer leurs enfants à s'unir à un

homme qui ne leur convient pas. Si elle allègue qu'elle a
subi tout au moins leur autorité morale, que, sans défiance,
sans expérience, elle a épousé un individu qui aujourd'hui
la maltraite et l'abandonne, qu'elle a pourtant soif de poésie,
d'idéal, et, que, trouvant une âme battant à l'unisson de
la sienne, elle a cédé, il lui répond que l'âme n'a rien à voir
avec ce qui constitue l'adultère. Elle peut aimer un autre
homme que son mari; mais à quoi la mène logiquement
cette situation ? Au mépris, à la colère, à la vengeance,
au suicide même si elle veut, mais à l'adultère, non pas. Il
termine en montrant aux femmes que leur intérêt même
leur conseille de ne pas céder. « L'homme n'aime que la
« femme qu'il estime, dit-il, et il n'estime jamais la femme
« qui ne peut se donner à lui qu'en se partageant. O fem-
« mes, qui croyez que l'amour est le plus beau tribut que
« l'homme puisse vous payer, dans quelle erreur vous êtes !
« Si vous saviez combien est plus grand l'hommage si-
« lencieux de l'estime secrète que votre pudeur inspire
« non seulement aux gens de bien, aux sages, mais aux
« plus jeunes, aux plus fous, aux plus libertins ! »

Que conclut M. Dumas de tout cela? Que l'adultère de
l'épouse est un crime auquel il faut appliquer les châtiments
les plus sévères, au lieu de se contenter, comme fait la loi,
de séparer les conjoints et d'emprisonner quelques mois la
femme.

On a souvent prétendu que M. Dumas, dans son horreur
pour l'adultère féminin, avait, dans *la Femme de Claude*,
crié : tue-la ! à tout mari trompé, lui conseillant ainsi de se
faire justice soi-même. Il ne faut pourtant pas faire dire à
M. Dumas ce qu'il n'a pas dit. Je vais analyser brièvement
cette pièce, et vous verrez, Messieurs, que ce n'est pas précisément ainsi que les choses se passent. Claude est un
honnête homme, un savant austère, ne vivant que pour son

travail et pour sa patrie ; il est même mieux que tout cela,
M. Dumas nous le déclare dans sa préface, c'est l'Homme
dans le grand sens du mot, c'est l'Exemple. Il a rencontré
sur son chemin une femme ayant toutes les apparences de
la vertu et de la candeur : ils se sont unis par les liens sacrés
du mariage. Cette femme, ce n'est pas une femme, c'est la
personnification de la bête, c'est le vibrion de *l'Étrangère*,
c'est le microbe qui s'introduit dans les corps sains et les
livre peu à peu à la décomposition. Tant que Césarine
— c'est son nom — se contente de trahir la foi jurée et de se
jouer de son honneur, Claude ne dit rien, il reste impassible
et stoïque. Mais le jour où il la voit s'attaquer à son pays, le
jour où il la surprend en train de soustraire, pour les livrer
à l'étranger, des papiers sur lesquels il a inscrit une découverte qui doit, paraît-il, sauver la France, — car j'avais
oublié de vous dire, Messieurs, que la pièce a été écrite
au lendemain de 70 et sous l'impression des désastres
subis, — il prend un fusil et la tue comme un chien enragé.
Le mot qu'il lui jette alors à la face n'est pas le mot : adultère ! c'est le mot : voleuse !

Cette lutte entre les deux principes du bien et du mal,
espèce de fantaisie manichéenne où le bien finit par triom-
pher, cette brutale apologie du mari justicier, ne peuvent
pas être prises bien au sérieux ; toutefois, la pièce que je
viens d'analyser est, à un certain point de vue, digne d'attention, c'est qu'elle constitue en somme un plaidoyer en faveur
du divorce. M. Dumas nous le dit dans sa préface : « C'est
« parce que la loi qui s'est donné le droit de lier s'est inter-
« dit celui de délier et s'avoue impuissante que je crie à
« Claude : Déclare-toi personnellement le juge et l'exécuteur
« de cette créature. » Bien évidemment, si le divorce avait
existé, Claude se serait contenté, dès qu'il aurait appris ses
premières infamies, d'introduire contre sa femme une ins-

tance en divorce, et le coup de fusil du troisième acte
n'aurait pas retenti à nos oreilles. Il aurait pu, direz-vous,
se séparer d'elle. Claude lui-même répond à cette objection (1) : « Séparée de moi, elle eût emporté mon nom avec
« elle, ce nom que j'avais reçu honorable, elle l'eût traîné
« publiquement dans toutes les boues et je l'aurais
« trouvé à chaque moment dans les scandales du monde. Ici
« le toit de la vie privée la contient un peu et la garantit
« encore. Elle me ridiculise un peu plus, mais elle me salit
« un peu moins ! »

Si M. Dumas n'est pas tendre pour la femme adultère, il
ne l'est pas davantage pour l'homme adultère. Il a voulu,
dit-il (2), montrer dans *la Princesse Georges* l'impuissance de
la loi devant ce fait quotidien, désastreux et banal : la trahison du mari. Séverine, la femme fine et nerveuse, pas-
sionnée mais noble et pure, digne sœur de Francillon, une
des créations les plus originales de M. Dumas, s'est en se
mariant, donnée tout entière à son époux ; elle le veut tout
entier à elle. Elle a compté sans les accapareuses d'amour,
les hétaïres. Vous vous récriez, Messieurs, à cet étrange
vocable ; laissez-moi donc vous rappeler que pour M. Dumas
il y a trois sortes de femmes (3) : les vestales, qui sont en haut,
les matrones qui sont au milieu, les hétaïres qui sont en bas.
L'hétaïre, sous les traits de Sylvanie, comtesse de Terre-
monde, rôde autour du foyer conjugal et vole à Séverine le
cœur de celui qu'elle a choisi. En apprenant le manquement
à la fois jurée, que fait Séverine ?

Sa première idée est de tuer l'infidèle (4) « — En matière

---

(1) Acte I, scène III.
(2) Préface de *la Princesse Georges*.
(3) *L'Homme-Femme. Entr'actes.*
(4) Acte I, scène II.

d'amour conjugal, » s'écrie-t-elle, « la trahison mérite la mort.
— Oui, » lui répond sa mère la confidente de ses douleurs, « si
c'est la femme qui trahit; si c'est l'homme, jamais. Ces messieurs ont profité de ce que nous les avons laissés faire les
lois pour les faire tout en faveur du masculin. » Et il faut
avouer qu'elle n'a pas tort. Cet article 324 du Code pénal
qui considère l'indignation du mari devant l'adultère de sa
femme comme une excuse légale du meurtre qu'il commet
sur elle, mais qui ne tient aucun compte de l'indignation de
celle-ci devant la trahison de son mari, est quelque peu
extraordinaire.

Mais ce n'est là que le premier cri de douleur d'une âme
blessée; elle aime trop son époux pour ne pas se cramponner
obstinément à lui, même au prix de ce que les autres appellent une lâcheté, de ce qu'elle nomme, elle, le suprême
rayonnement de l'amour. Apprenant qu'il va partir avec sa
rivale, elle veut le ramener à elle (1). « Quel sont, demande-t-elle au notaire Galanson, le vieil ami de la famille, les
moyens que la loi me donne pour empêcher cette infamie et
ce malheur ? — Aucun, répond Galanson. — Il est libre ?—
Absolument. — Et si je voulais partir, moi ! — Il pourrait
vous en empêcher. — Pourquoi est-ce comme ça ? — Parce
que c'est comme ça. » — Il faut reconnaître, Messieurs, que
la pauvre Séverine a trouvé là un bien mauvais conseiller.
Si, dans cette question de l'adultère féminin, M. Dumas a
jusqu'ici critiqué la loi avec quelque justesse, à l'heure qu'il
est il se fourvoie bien étrangement. La femme peut, au point
de vue légal, s'opposer à la fuite de son mari, tout aussi
bien que le mari peut s'opposer à la fuite de sa femme,
puisque l'un et l'autre ont le devoir de cohabiter ensemble.
Il n'y a pas de contestation possible là-dessus.

---

(1) Acte III, scène I.

Comme remède à sa douloureuse situation, Galanson ne peut lui offrir que la séparation de corps, et encore a-t-elle seulement l'espoir de l'obtenir, elle n'en est pas absolument sûre. Ce doute fait honneur à l'érudition de M. Dumas. Peut-être en ce moment le prenons-nous un peu trop au sérieux; nous allons mettre à son actif des déductions auxquelles il n'a probablement jamais songé, en faisant tenir au brave Galanson, peu suspect jusqu'à présent de science juridique, le propos rapporté plus haut. Quoi qu'il en soit, l'incertitude de ce dernier tombe juste. Quand *la Princesse Georges* a été écrite, l'adultère de la femme, en quelque endroit qu'il ait été commis, pouvait servir de fondement à une demande en séparation de corps ; pour l'adultère du mari, une autre condition était exigée : c'est qu'il ait eu lieu dans la maison conjugale. On appliquait à la séparation de corps l'ancien article 230 du Code civil. Cette différence, injustifiable selon nous, a disparu avec les nouveaux articles 230 et 306 du la loi de 1884 sur le divorce. Je vous ferai cependant observer que la jurisprudence considérait dans certains cas l'adultère du mari commis en dehors des conditions énoncées tout à l'heure comme une injure grave susceptible d'entraîner la séparation de corps : Galanson a donc raison de manifester une certaine confiance dans la décision de la justice.

Mais cette solution hybride de la séparation, suivant une expression employée quelquefois, ne satisfait pas Séverine. Ce qu'elle voudrait, c'est le divorce. Et encore le divorce ne libère que les corps et les intérêts, il ne libère pas les âmes ! « Ainsi voilà tout ce que peut la loi ! s'écrie-t-elle (1); la vie matérielle, tel est le souci de la société. Et que fera-t-elle pour mon cœur qu'elle aura laissé briser, pour non âme

____

(1) Acte I, scène III.

qu'elle aura laissé meurtrir? » Ici, par exemple, elle devient un peu exigeante. Une loi qui arracherait du cœur de l'époux outragé l'image malheureusement encore chère du parjure, comme elle le chasse du foyer conjugal qu'il a a souillé, serait une loi singulièrement bienfaisante ; mais je doute qu'elle soit jamais promulguée.

En somme, Messieurs, ces deux pièces de M. Dumas que je viens d'analyser un peu longuement aboutissent, au moins la première, à proclamer la nécessité du divorce ; car, dans la seconde, le divorce même, s'il avait existé, n'aurait pas été une solution suffisante pour la princesse Georges. C'est là qu'en veulent venir, avant 1884, la plupart des pièces mettant sur la scène des dissensions entre époux. Pour elles le divorce est le grand remède, la panacée qui guérira toutes les plaies conjugales.

Un auteur contemporain prétend même, je crois bien que c'est M. Dumas dans la préface de *l'Etrangère*, que parmi les nombreux résultats que produirait le vote de la loi sur le divorce, un des plus curieux serait la suppression de pareilles pièces et la transformation radicale de notre théâtre. D'abord plus d'adultère assez intéressant, accompagné de circonstances suffisamment atténuantes pour être porté au théâtre. Le conjoint, trompé sur la qualité de son conjoint, uni à un être indigne, ayant rencontré d'autre part sur son chemin celui dont l'âme a compris la sienne, n'aura pas besoin, pour être à lui, de violer la foi jurée ; il intentera simplement une action en divorce et attendra patiemment que le Tribunal ait statué. En outre, plus de solution brutale de l'adultère, plus de tragédies conjugales. Dès l'instant que le mari aura un autre moyen de rompre sa chaîne, il se gardera bien de verser sans motif le sang de l'épouse coupable. Le théâtre y perdra peut-être, mais la société y gagnera.

Depuis que la préface de *l'Etrangère* a été écrite, le divorce est entré dans nos lois, et il ne semble pas que le nombre des scandales du genre de ceux dont je parle en ce moment ait sensiblement diminué. Les œuvres dramatiques à venir peuvent, je crois, sans craindre de se placer en contradiction ouverte avec les mœurs, mettre sur la scène des adultères entourés d'une certaine auréole de poésie et faire tirer par les maris trompés des coups de revolver vengeurs. Supposer qu'une femme, n'ayant pas trouvé dans le mariage les félicités qu'elle en attendait, s'arrêtera sur le point de commettre un adultère, en réfléchissant qu'elle pourra être à celui qu'elle aime dans un an ou deux sous la protection de la loi, est le fait d'un bien piètre psychologue. Il n'est pas moins grotesque de penser qu'un mari, surprenant sa femme en flagrant délit d'adultère, détournera le canon de son revolver, parce qu'il y a dans le Code une loi lui permettant de s'affranchir autrement que par la mort de tout lien avec l'infâme qui le trahit. Quand il est en face d'un pareil spectacle, la colère aveugle cet homme, le sang lui monte aux yeux, il voit rouge ; et toutes les lois du monde n'y font rien, il faut que sa vengeance éclate.

Le seul résultat qu'ait eu la loi de 1884 vis-à-vis du théâtre a été de mettre quelques rides à certaines comédies où était débattue d'une façon spéciale la question du divorce. Je veux parler de *Madame Caverlet*, de *Divorçons*, d'*Odette*.

Elle a fait couler bien des larmes, cette pièce de *Madame Caverlet*, due à la plume d'Emile Augier ! Cet intérieur de famille composé de monsieur et de madame Caverlet et de deux enfants, si uni, si patriarcal, si profondément imprégné de la douce poésie du foyer, est assurément bien touchant ! Aussi, quand nous apprenons que Madame Caverlet est tout simplement une femme séparée de son mari, le divorce lui étant refusé par la loi française, et qu'il ne manque à son union avec Monsieur Caverlet que la sanction de la loi civile, n'avons nous pas le courage de nous indigner. Comme le dit un des personnages de la pièce, l'adultère de la femme est la conséquence presque forcée de la séparation de corps. Et quand le mari, un être ignoble, alléché par la nouvelle que sa femme va hériter d'une tante millionnaire, se rapproche d'elle et la menace, si elle ne veut rien lui donner, de lui enlever ses enfants, nous nous disons que si Madame Caverlet avait pu obtenir le divorce, tous ces malheurs lui eussent été épargnés. On prétend que cette pièce n'a pas moins contribué à la victoire remportée par les partsans du divorce que les brochures à sensation et les articles de journaux dont ils ont inondé le pays pendant les quelques années qui ont précédé 1824. Elle place en effet la question du divorce sur son véritable terrain. Bien évidemment, la loi sur le divorce ne modifie pas les mœurs, je l'ai déjà dit tout à l'heure. Elle ne diminue pas le nombre des maris trompés, elle n'empêche pas ceux-ci de tuer leurs femmes quand ils les surprennent en flagrant délit de trahison ; mais elle dénoue certaines situations, vis-à-vis desquelles la séparation de corps est un remède insuffisant.

Si *Madame Caverlet* a fait pleurer, *Divorçons* a déridé bien des physionomies graves et austères. Je ne m'arrêterai pas à cette comédie dont la donnée est plus que légère et dans laquelle la question du divorce a été pour M. Sardou un prétexte à plaisanteries sans grande portée. La pièce d'*Odette* mise à la scène, un an plus tard par le même auteur, est plus sérieuse.

Ce qui a frappé M. Sardou dans la séparation légale, c'est qu'elle sépare les époux de corps et de biens, mais ne les sépare pas de nom. Avec le divorce, s'est-il dit, il en serait autrement. Voilà un argument qui, exploité au théâtre, peut donner lieu à de puissants effets dramatiques. Là-dessus, il a bâti le drame d'*Odette* (1). On peut lui faire observer que ce n'est pas là un argument bien sérieux. Il n'est pas besoin du divorce pour que l'épouse indigne ne traîne plus dans la boue le nom de son mari ; il suffit que la loi décide qu'une fois séparée elle ne portera plus ce nom. Quoi qu'il en soit, *Odette* a été représentée avec un certain succès. Un homme surprend sa femme en flagrant délit d'adultère et la chasse de la maison conjugale. Il demande et obtient contre elle la séparation de corps, ce qui lui permet de garder avec lui son enfant, sa fille. Une fois livrée à elle-même, cette femme se plonge dans tous les vices et tous les désordres. Quinze ans après le père veut marier sa fille : la famille du fiancé exige que la mère coupable quitte le nom qu'elle a souillé. Le père le lui demande à genoux : elle refuse. Mais, dans le naufrage genéral des bons sentiments, il en surnage encore un dans le cœur de la malheureuse : l'amour maternel ; ce que le mari n'a pu obtenir, la fille l'obtient.

Je suis arrivé, Messieurs, à la question des enfants naturels et ici encore nous retrouvons M. Alexandre Dumas fils. Sans doute il n'est pas le seul auteur qui ait traité cette question féconde en combinaisons dramatiques : d'autres que lui l'ont portée sur la scène, notamment M. Emile Augier dans *les Fourchambault* et M. Albert Delpit dans *les Maucroix*. Mais M. Dumas est celui qui a mis le plus de vigueur et d'âpreté dans ses revendications en faveur de cette victime de la société ; c'est contre l'article 340 qu'il s'est insurgé le plus violemment. Cette disposition de nos lois a même été le point de départ de toute la campagne qu'il a menée contre le Code civil.

---

(1) N'ayant pu me procurer cette pièce, je me suis servi pour l'analyser, du compte rendu qu'en a fait M. Ganderax dans la *Revue des Deux-Mondes*, du 15 decembre 1881.

Je ne veux donc vous parler que du *Fils naturel* et de *Monsieur Alphonse*, les deux comédies que M. Dumas a consacrées aux bâtards. Je craindrais d'ailleurs, en examinant ici d'autres pièces, de lasser votre attention déjà mise à l'épreuve par l'examen fastidieux à la longue d'un certain nombre d'œuvres dramatiques.

Le résultat auquel tend M. Dumas dans *le Fils naturel* a été exposé par lui dans sa préface : il désire que le spectateur emporte de quoi réfléchir sur la situation sociale des enfants naturels. Le sujet de la pièce présente avec celui des *Fourchambault* une certaine analogie. Dans cette dernière comédie, de quelques vingt ans postérieure à l'œuvre de M. Dumas, M. Augier oppose, dans une antithèse d'un très puissant effet, la famille naturelle d'une part, composée d'une fille séduite et délaissée par son amant et de l'enfant né de ces relations, à la famille légale d'autre part, fondée par le séducteur après l'abandon : celle-ci turbulente, agitée, gaspilleuse, celle-là respirant l'ordre et l'austérité. Les Fourchambault, la famille légale, engagés dans des spéculations hasardeuses, sont à la veille de voir leur fortune sombrer : ils ne sont sauvés que par l'intervention du bâtard. Ce dernier prend en mains la direction des affaires et empêche la catastrophe. Les bénédictions pleuvent sur lui de toutes parts : la reconnaissance universelle l'entoure dans une espèce d'apothéose finale. Dans la pièce de M. Dumas, il s'agit aussi d'un fils naturel rendant à la société le bien pour le mal qu'elle lui fait. La mère, bien entendu, a été abandonnée par le père, qui toutefois lui a laissé, en cette triste occurrence, de quoi subvenir à ses besoins et à ceux de son enfant. Elle a encore la bonne fortune de recueillir l'héritage d'un jeune homme, un viveur sans famille, qui, pénétré de respect pour son dévoûment vis-à-vis de son fils, lui lègue un patrimoine de près d'un demi-million. Cette heureuse aubaine lui permet de donner à ce fils une brillante éducation, à laquelle il fait du reste le plus grand honneur; car, chargé à l'âge de vingt ans d'une mission diplomatique en Turquie, il sauve l'Europe. Le père, un ambitieux, pense, non sans raison que l'identité de nom avec un tel homme ne peut que tourner à son profit. Il vient supplier à genoux son cher enfant de se laisser reconnaître par lui: celui-ci refuse

Si M. Dumas a voulu, dans *le Fils naturel,* plaider la recherche de la paternité, il faut avouer qu'il s'y est pris de bien étrange façon, et les réflexions que suggère au lecteur cette comédie, ne sont pas, je crois, celles qu'il aurait désiré, faire naître dans son esprit. Nous n'éprouvons pas le moindre sentiment de pitié pour ce paria légal auquel la fortune prodigue toutes ses faveurs. Il ne lui manque, pour être complètement heureux, que le nom paternel; et son attitude en face des propositions de son père ne semble pas indiquer que ce soit pour lui une privation bien sensible. On peut cependant, en cherchant bien, tirer de la pièce que je viens, d'examiner, certaines conclusions pratiques. Il n'est pas impossible qu'elle ait contribué à la reconnaissance de quelques enfants naturels. Des personnes d'une haute prévoyance ont peut-être été poussées à reconnaître leurs rejetons illégitimes par cette considération que cela pourrait leur servir plus tard. En outre M. Dumas rappelle au législateur que les enfants de naissance extra-légale sont ordinairement, à tous les points de vue, bien supérieurs aux autres, et lui donne à entendre par là qu'au lieu de s'acharner contre eux, il ferait mieux de les prendre sous sa protection.

Tout ceci, vous le voyez, Messieurs, n'est pas bien sérieux. Le *Fils naturel* ne peut être envisagé ni comme un argument en faveur de la recherche de la paternité, ni même comme un document de quelque valeur dans cette épineuse question, c'est-à-dire susceptible d'être consulté avec fruit par le législateur de l'avenir : ce drame, rempli d'invraisemblances, se passe dans un monde qui n'existe pas. J'en dirai autant de *Monsieur Alphonse*. Sans doute cette pièce est, au point de vue de la contexture dramatique, bien supérieure au *Fils naturel*. La dernière scène du deuxième acte où Montaiglin apprend que la chaste et pure jeune fille qu'il a cru épouser était mère avant son mariage, lui pardonne et l'autorise à garder son enfant auprès d'elle, est une des plus belles qui soient au théâtre. Le troisième acte, dans lequel Montaiglin demande au père s'il veut reconnaître sa fille, et, devant les hésitations de ce dernier, se décide à le faire à sa place, est également d'un très pathétique effet. Mais ce n'est pas là l'angle sous lequel nous examinons en ce moment *Monsieur Alphonse*. En somme quel est l'enseignement qui se dégage de cette œuvre de M. Dumas ? Que l'homme qui, ayant mis au monde un enfant, ne lui donne pas son nom, est un être indigne. Or, ceci, nous le savions sans que M. Dumas nous le dise.

Il me semble que, pour faire une pièce plaidant avec quelque chance de succès la cause des enfants naturels, il faudrait procéder autrement. Le point de départ d'une œuvre semblable serait la séduction d'une jeune fille et son complet abandon par le séducteur : un enfant, cela va sans dire, est né de ces relations. La mère meurt de misère et de chagrin : l'enfant est recueilli par de braves gens qui lui font donner une certaine éducation. Arrivé à l'âge d'homme, cet enfant apprend l'histoire de sa naissance et la triste fin de sa mère. L'auteur de cette pièce représenterait le bâtard cherchant vainement à se faire une place dans la société, il dépeindrait les obstacles qu'il rencontre faute d'un nom honorable, l'ostracisme auquel le monde le condamne. A côté de l'enfant, misérable, sans ressources, aux prises

avec la vie, il montrerait le père coulant des jours heureux et tranquille dans la douce quiétude de l'égoïsme,
répondant par d'impitoyables refus aux sollicitations de son
fils. Il décrirait les ravages produits dans l'âme de ce dernier par le contraste de sa destinée avec celle de l'auteur
de toutes ses infortunes, il analyserait la lente germination
dans son cœur de l'idée vengeresse, et, pour peu que ce fût
un habile homme, connaissant bien son métier, rompu à
toutes les ficelles dramatiques, il nous ferait accepter peut-
être un dénoûment tragique. On m'objectera que sur les
fondements que je viens d'indiquer un auteur ne peut guère
édifier qu'un gros mélodrame, bon tout au plus à tirer les
larmes du parterre; mais le susdit auteur aurait du moins
la satisfaction d'entendre le spectateur dire en sortant : « Si
la recherche de la paternité était autorisée par la loi, tout
ceci n'arriverait pas. »

Bien évidemment une œuvre pareille ne discuterait pas
d'une manière bien sérieuse le problème de la recherche de
la paternité. Elle ne répondrait pas à la principale objection
que lui font ses adversaires: ils craignent, et peut-être n'ont-
ils pas tort, que la suppression de l'article 340 ne « pousse
« de hardis aventuriers à s'introduire, à l'aide de faux té-
« moignages, dans des familles honorables » (1), et à exer-
cer sur des hommes d'un passé irréprochable de honteuses
tentatives de chantage. Ce serait simplement un plaidoyer;
et, nous le savons mieux que personne, l'art suprême du
plaideur consiste à glisser sur les points faibles de la cause,
pour insister sur les autres et les mettre d'autant mieux en
lumière.

M. Dumas a bien senti d'ailleurs que la forme dramatique
se prêtait médiocrement à la discussion d'une question aussi

---

(1) Baudry Lacantinerie, *Procès de droit civil*, tome I.

complexe que celle de la recherche de la paternité : il l'a traitée avec un grand luxe de détails dans la préface de la *Dame aux Camélias*, puis dans celle de *Monsieur Alphonse*. J'avais tout d'abord l'intention de le suivre dans sa campagne contre l'article 340, de voir si son argumentation ébranlait cette disposition de notre Code civil. J'ai pensé que ce serait sortir des limites que je m'étais tracées. Je n'ai voulu m'occuper ici que des œuvres dramatiques en tant qu'elles se rattachent au droit civil et non de la façon dont leurs auteurs envisagent ailleurs que sur la scène tel ou tel point de législation. Si j'ai cité parfois quelques passages des préfaces de M. Dumas, c'est que ces passages expliquaient la pièce que j'examinais et en montraient la véritable portée. Faut-il vous dire aussi que certaines questions — et la recherche de la paternité est du nombre — ne peuvent être approfondies sans donner lieu à des développements un peu scabreux, et qu'il est difficile, pour ce motif, de les traiter en public ?

Je suis donc arrivé, Messieurs, au terme de la rapide incursion que j'avais entrepris de faire avec vous à travers le théâtre contemporain. Ici, permettez-moi de me retourner pour examiner le chemin parcouru et de me résumer en deux mots. Dans la première partie de mon discours, celle qui traite du droit relatif au patrimoine, j'ai trouvé une fois de plus l'occasion d'appliquer cette vérité éminemment banale et aussi vieille que le monde que, lorsqu'on parle de chose que l'on ne connaît pas, on court grand risque de se fourvoyer. Dans la seconde, j'ai essayé de prouver aux auteurs dramatiques que leur prétention de prendre le lieu et place du législateur était un peu excessive. Sans doute, en ce qui concerne la question du divorce, quelques-uns d'entre eux ont pu produire des œuvres ayant une certaine portée. Mais il faut reconnaître que leur tâche n'était pas difficile. Quand

ils les ont écrites, un certain nombre de Français s'étonnaient
de la lenteur de leurs mandataires à inscrire à nouveau dans
notre Code le principe du divorce ; ils se disaient qu'une
semblable loi ne nuirait à personne, et que le divorce serait
pour les mauvais ménages, trop nombreux, hélas ! « la libé-
ration des travaux forcés à perpétuité », suivant une heureuse expression. Il leur suffisait donc de mettre sur la
scène un de ces ménages et de faire pleurer sur les malheurs
du bon époux les âmes sensibles. Encore ont-ils été dupes
d'une bien grosse illusion en se figurant que la loi réclamée
viendrait modifier les mœurs de la nation. Mais à propos
d'une autre question relative à l'état des personnes, à propos
de l'adultère, ils ont souvent critiqué le législateur avec
bien peu de justesse. Je ne reviendrai pas sur la façon plus
qu'étrange dont ils ont plaidé la cause des enfants naturels;
je voudrais cependant qu'ils comprennent bien qu'un problème comme celui de la recherche de la paternité, qui sou-
lève des difficultés si graves et si nombreuses, ne peut pas
être résolu à l'aide d'une pièce de théâtre.

En somme, Messieurs, je viens de passer près d'une
heure à dire à nos auteurs dramatiques des choses assurément fort peu agréables; et je dois vous avouer qu'en le
faisant, j'ai éprouvé une joie secrète, un sentiment d'intime
satisfaction. Les auteurs dramatiques nous ont-ils assez
maltraités! Ont-ils assez peu ménagé les malheureux avocats! Je crois bien qu'il est de M. Dumas, ce propos singulièrement impertinent, « que là où quatre avocats d'à
« présent ont mordu, il ne reste que la gangrène. » S'ils
s'étaient simplement contentés de noter les défauts qui
nous sont particuliers, ces espèces d'empreintes que la
profession laisse sur l'individu et qui donnent à sa manière
de parler et quelquefois d'agir un cachet tout spécial,
notre susceptibilité n'aurait pas été mise en éveil; nous

sommes gens d'esprit et savons au besoin nous diver-
tir à nos propres dépens. Mais cela ne leur a pas suffi.
Ils ont débité contre nous les injures les plus grossières,
je viens de vous en donner un suffisant échantillon ; ils
sont venus nous chercher chez nous, ils nous ont sur-
pris dans l'exercice de nos fonctions, et là ils n'ont pas été
plus respectueux à notre égard. Si donc je me suis vengé,
je me suis vengé noblement : membre d'un Ordre qui compte
au nombre de ses moindres qualités l'urbanité et la courtoi-
sie, je ne pouvais user d'autres représailles.

Lyon. — Imprimerie Mougin-Rusand, rue Stella, 3.

www.ingramcontent.com/pod-product-compliance
Ingram Content Group UK Ltd.
Pitfield, Milton Keynes, MK11 3LW, UK
UKHW020037080726
13614UKWH00004B/1813